W0184646

Schaf gut!

Erste Hilfe für schlaflose Zeiten

Jens Dobbers

Schaf gut!

Erste Hilfe für schlaflose Zeiten

arsEdition

EinSchLafbuch

Anwendung:
Empfohlene Menge Schafe fest vorstellen,
Schafe sorgfältig einzeln zählen,
sanft einschlafen.
Bei Nichteinschlafen Anwendung wiederholen.

Bei Bürostress:

langsam 75 Schafe zählen, die entspannt auf saftigen Wiesen grasen.

DRINGEND

Bei Liebeskummer:

zwei bis drei Dutzend Schafe zählen.
Kuscheln.

Sie befinden sich hier

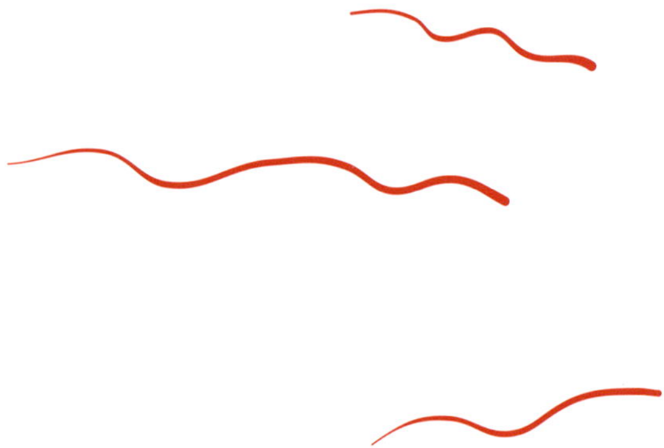

Bei Wehwehchen:

ein Schaf zählen,
fachgerecht pusten lassen.

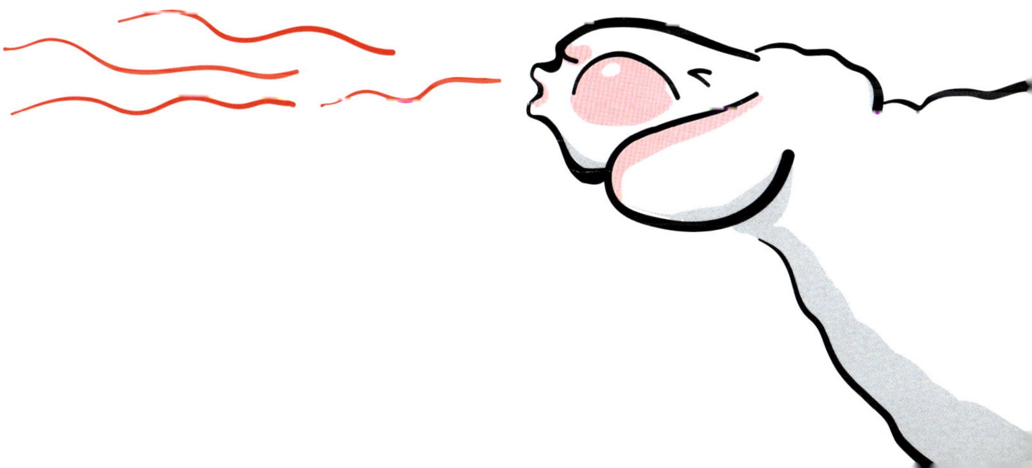

Bei tropfendem Wasserhahn:

besonders flauschige Schafe zählen,
Wolle entnehmen, abdichten.

Bei Verkehrslärm:

bei jedem vorbeifahrenden Motorengebrumm
ein Schaf zählen.
Den samtweichen Geräuschteppich genießen.

Määäääääääää

Bei zu harter Matratze:

ein bis zwei Dutzend Schafe zählen,
eng zusammenrücken lassen.

Bei Wetterfühligkeit:

eine Herde strahlend weißer
Schäfchenwölkchen zählen.

Bei Verdacht auf Betrug:

Wolf im Schafspelz aussortieren,
nicht mitzählen.

Bei Ohrwurm:

ein Schaflied singen.

Bei Hunger:

zwei Dutzend ~~gebra~~

SATTE UND WOHLGENÄHRTE SCHAFE ZÄHLEN!

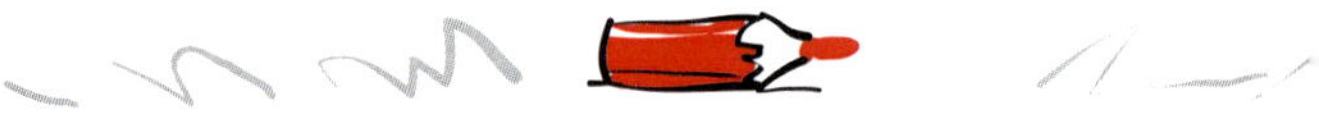

Bei vollem Magen:

863 Schafe auf 25 Hektar Wiese zählen ...
außen herum.

Bei Nervosität:

einatmen, ein Schaf zählen ...
ausatmen, ein Schaf zählen ...
einatmen, ein Schaf zählen ...
ausatmen, ein Schaf zählen ...
und langsam zurück auf den Teppich kommen.

Bei Tageslicht:

165 schwarze Schafe formatfüllend zählen.

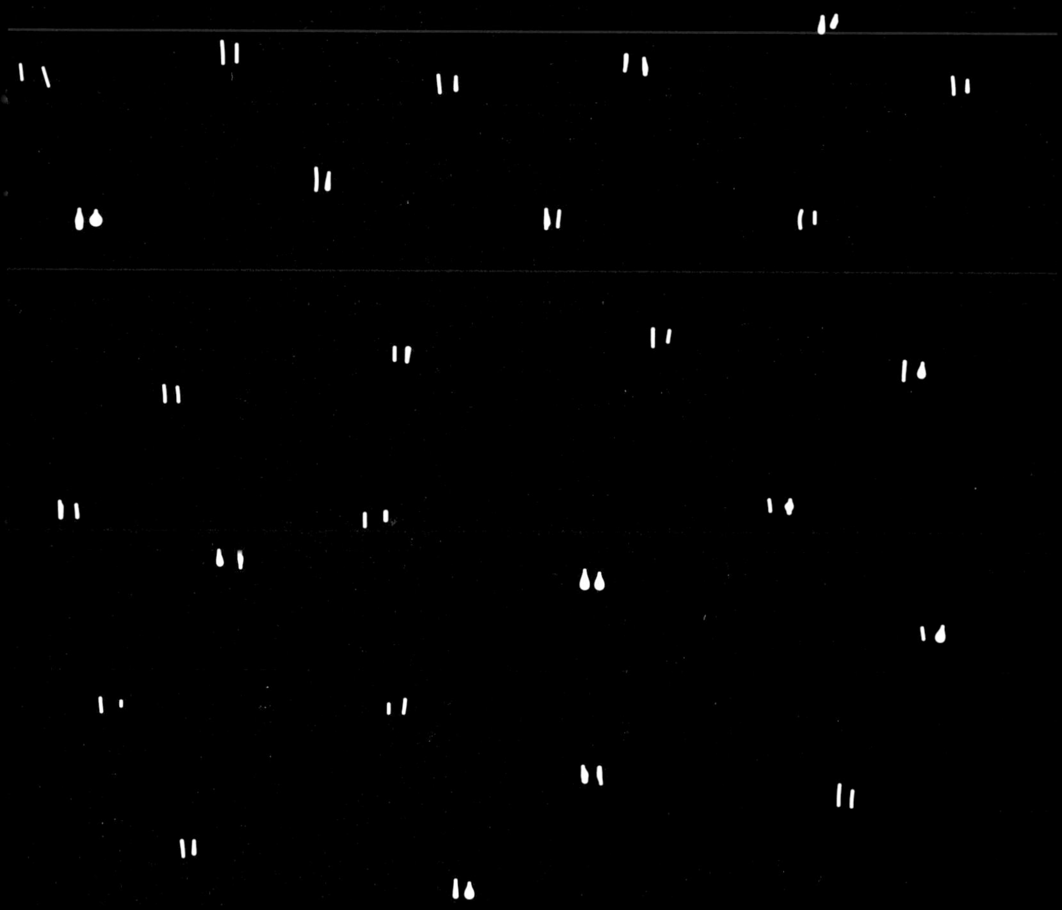

Bei Beziehungsstress:

dem Lieblingsschaf erzählen.

Bei Einsamkeit:

ein Schaf zählen,
ganz nah rankommen lassen.

Bei Ärger mit dem Chef:

kündigen,
Schäfer werden.

Bei Fernweh:

ein bis zwei Dutzend Schafe abzählen,
einpacken und mitnehmen ins Traumland.

Bei Flugangst:

alle Schäfchenwolken zählen, die auftauchen.
Sofort vor Erschöpfung einschlafen.

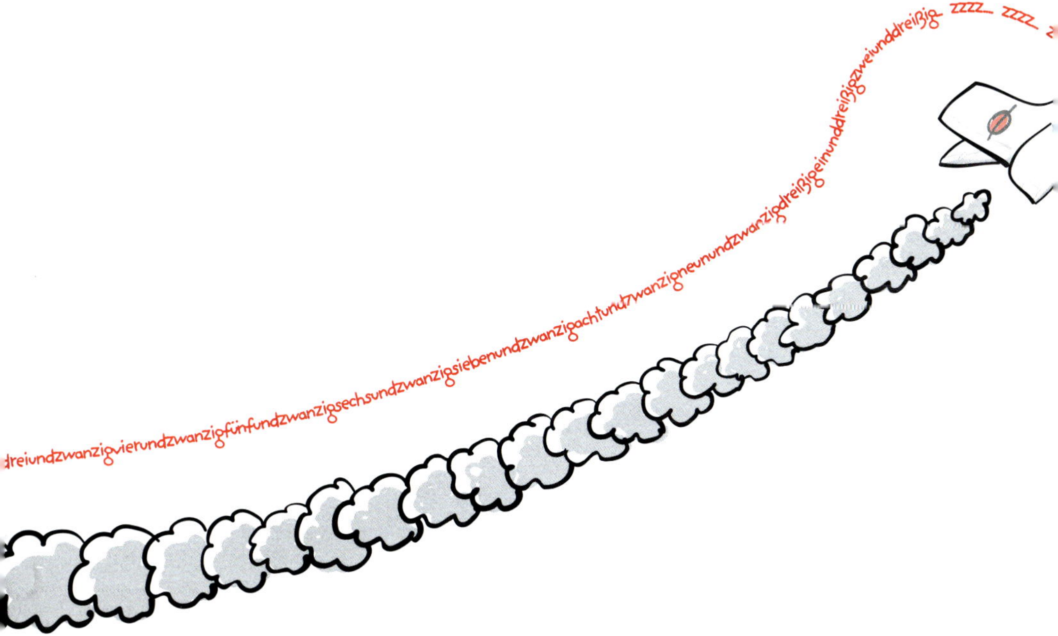
dreiundzwanzigvierundzwanzigfünfundzwanzigsechsundzwanzigsiebenundzwanzigachtundzwanzigneunundzwanzigdreißigeinunddreißigzweiunddreißig zzzz... zzzz...

Bei Angst vor Einbrechern:

auf Schäferhund zählen.

Schaf gut!

Für Paul

Text, Illustration und Layout: Jens Dobbers
Printed by Tien Wah Press
ISBN 978-3-7607-4086-7

www.arsedition.de